ARRÊTÉ MINISTÉRIEL

DU 6 AVRIL 1883

PORTANT INSTRUCTION

POUR L'ADMISSION DES SOUS-OFFICIERS

A L'ÉCOLE D'APPLICATION

DE CAVALERIE

PARIS	LIMOGES
11, Place Saint-André-des-Arts	Nouvelle route d'Aixe, 50.

IMPRIMERIE, LIBRAIRIE ET PAPETERIE MILITAIRES

Henri CHARLES-LAVAUZELLE

Libraire-Editeur.

1886

ARRÊTÉ MINISTÉRIEL

DU 6 AVRIL 1883

PORTANT INSTRUCTION

POUR L'ADMISSION DES SOUS-OFFICIERS

A L'ÉCOLE D'APPLICATION

DE CAVALERIE

PARIS | **LIMOGES**
11, Place St-André-des-Arts. | Nouvelle route d'Aixe.

IMPRIMERIE, LIBRAIRIE ET PAPETERIE

Henri CHARLES-LAVAUZELLE

Editeur militaire.

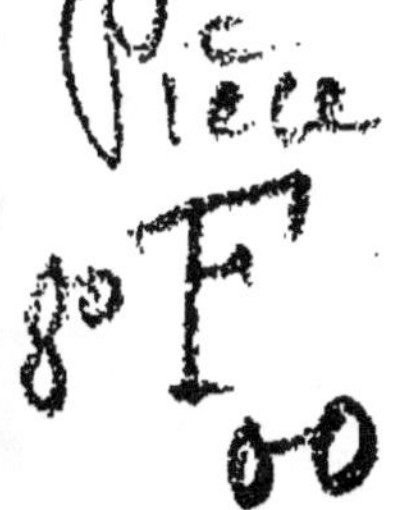

ARRÊTÉ MINISTÉRIEL

DU 6 AVRIL 1883

Portant instruction pour l'admission des sous-officiers à l'Ecole d'application de cavalerie.

Le ministre de la Guerre,

Vu l'article 12 modifié du décret du 26 mai 1881, portant règlement sur l'organisation de l'Ecole d'application de cavalerie ;

Vu la circulaire ministérielle du 17 janvier 1882, relative au fonctionnement des écoles régimentaires dans l'arme de la cavalerie ;

Considérant qu'il y a lieu de réglementer d'une manière uniforme les épreuves qui sont imposées aux sous-officiers de cavalerie proposés pour l'avancement, afin de rendre leurs chances de succès aussi égales que possible,

Arrête :

Article 1ᵉʳ. — Il est ouvert chaque année, entre tous les sous-officiers de cavalerie proposés pour le grade de sous-lieutenant, un concours à la suite duquel ceux d'entre eux qui ont satisfait aux épreuves sont admis comme élèves-officiers à l'Ecole d'application de cavalerie, jusqu'à concurrence du nombre déterminé annuellement par le ministre et dans l'ordre du classement résultant du concours.

Art. 2. — Le concours comprend :

1º Des compositions écrites ;

2º Des examens oraux portant sur les matières comprises dans le questionnaire annexé à la circulaire ministérielle du 17 janvier 1883, relative au fonctionnement des écoles régimentaires dans l'arme de la cavalerie.

Art. 3. — Le classement des candidats est établi d'après la somme des points obtenus par chacun d'eux dans ces épreuves successives, augmentée de deux cotes spéciales qualifiant à la fois : l'une, leur instruction militaire et équestre ; l'autre, leur conduite, leur capacité et leur aptitude au commandement.

Art. 4. — Le 15 mars de chaque année, les chefs de corps adressent au général de brigade la liste des sous-officiers qu'ils proposent pour subir les examens d'admission à l'Ecole d'application de cavalerie. Les candidats sont choisis parmi les sous-officiers jugés aptes à devenir officiers et comptant au moins deux ans de grade au 31 décembre de l'année du concours.

Les sous-officiers de cavalerie du cadre fixe des écoles militaires et ceux de la 5ᵉ compagnie de cavaliers de remonte sont proposés par le commandant de l'école à laquelle ils sont attachés.

Les sous-officiers des 1ʳᵉ, 2ᵉ, 3ᵉ, 4º, 6ᵉ, 7ᵉ et 8ᵉ compagnies de cavaliers de remonte, ainsi que ceux qui sont détachés dans le service des remontes, sont proposés par le commandant de la circonscription de remonte.

Les commandants des écoles militaires et des circonscriptions de remonte adressent, à la date ci-dessus indiquée, la liste de leurs candidats au général de brigade chargé de les convoquer pour les examens écrits, ainsi qu'il est déterminé à l'article 8 ci-après.

Art. 5. — Chacun des sous-officiers proposés fait l'objet d'un mémoire de proposition spécial (1).

---

(1) Les formules pour l'établissement de ces mémoires de proposition seront fournies par le ministère de la Guerre (2ᵉ direction, bureau de la cavalerie).

Le chef de corps ou de service, et, après lui, le général de brigade, s'il y a lieu, et le général commandant la division ou l'inspecteur général, notent chaque candidat, puis résument leur opinion sur son compte dans deux cotes numériques distinctes représentées chacune par un nombre entier pris dans l'échelle de 0 à 20 et se rapportant : la première à son instruction militaire et équestre ; la seconde, à sa conduite, sa capacité et son aptitude au commandement.

La valeur des diverses cotes est la même que celle qui leur est attribuée dans l'échelle de notation indiquée à l'article 20 de la circulaire du 17 janvier 1883.

La cote définitive du candidat : 1° pour l'instruction militaire et équestre ; 2° pour la conduite, la capacité et l'aptitude au commandement, s'obtient en multipliant la moyenne des trois notes, ou des deux notes données comme il vient d'être dit, si le candidat n'a pas été noté par le général de brigade, par le coefficient attribué à chacun de ces éléments du concours dans le tableau ci-après des coefficients (article 24).

Art. 6. — Les mémoires de proposition spéciaux des sous-officiers proposés pour le grade de sous-lieutenant sont transmis au ministre (2° direction, bureau de la cavalerie), avec le travail de la revue trimestrielle d'avril de chaque régiment.

Exceptionnellement, ceux des sous-officiers appartenant aux compagnies de remonte, dépôt de remonte ou école, sont transmis par l'inspecteur général de ces corps ou établissements, dès qu'il a terminé ses opérations et au plus tard le 1er août.

COMPOSITIONS ÉCRITES

Art. 7. — Les compositions écrites servent à établir un premier classement, à la suite duquel les candidats dont l'instruction est jugée insuffisante sont éliminés.

Art. 8. — Dans les premiers jours du mois d'avril, tous les candidats présentés par les chefs de corps ou de service sont, à la date fixée par le ministre, convoqués par le général de brigade dans la ville siège de son quartier général, pour subir cette première épreuve (1).

Ils doivent y être rendus la veille du jour où commencent les examens, et sont placés en subsistance dans un des corps de la garnison.

Le général de brigade désigne dans chacun des régiments placés sous ses ordres un capitaine pour surveiller les compositions.

Ces deux officiers sont, en outre, chargés de dresser le procès-verbal de la séance.

Le ministre adresse à tous les généraux de brigade, qui sont tenus de lui en faire la demande en temps utile, les sujets des compositions et le nombre nécessaire d'imprimés.

Art. 9. — Les compositions écrites comprennent :
1º Une dictée ;
2º Une narration française ;
3º Résolution de problèmes d'arithmétique ;
4º Résolution de problèmes de géométrie.

---

(1) Les sous-officiers des remontes sont convoqués avec les candidats de la brigade de cavalerie du corps d'armée sur le territoire duquel ils sont employés ; ceux qui sont stationnés dans le gouvernement de Paris sont convoqués avec les candidats de la brigade de dragons de la 1ʳᵉ division de cavalerie.

Les sous-officiers employés dans les écoles (sous-officiers du cadre et sous-officiers appartenant à la 5ᵉ compagnie de remonte) sont convoqués, savoir : ceux de l'Ecole de cavalerie, avec les candidats de la 9ᵉ brigade de cavalerie ; ceux de l'Ecole militaire d'infanterie, avec la brigade de cavalerie dont le quartier-général est à Niort ; ceux du Prytanée, avec la 4ᵉ brigade de cavalerie ; ceux de l'Ecole supérieure de la guerre, avec la brigade de dragons de la 1ʳᵉ division de cavalerie, et ceux de l'Ecole spéciale militaire, avec la brigade de cuirassiers de la même division ; enfin, ceux de l'Ecole d'application de l'artillerie et du génie, avec la brigade de cavalerie dont le quartier général est à Fontainebleau.

Art 10. — L'enveloppe renfermant chaque sujet de composition est décachetée par l'un des officiers délégués, en présence des candidats réunis pour subir les épreuves écrites.

Le procès-verbal de la séance doit constater si le cachet était intact.

Art 11. — Les compositions sont écrites sur des feuilles à en-tête imprimé envoyées du ministère. Chaque candidat y inscrit lisiblement son nom, son grade et son régiment, et signe à l'endroit indiqué avant de remettre son travail.

Art. 12. — Il est accordé aux candidats :
1° Pour relire la dictée, dix minutes ;
2° Pour la composition française, trois heures ;
3° Pour les problèmes d'arithmétique, deux heures ;
4° Pour les problèmes de géométrie, deux heures.
Toutes les compositions sont faites dans la même journée.

Art. 13. — Aux heures fixées, les officiers délégués recueillent les compositions. Elles sont immédiatement réunies après chaque épreuve dans une enveloppe qui est scellée et contresignée par eux, séance tenante, et envoyée le soir même au ministre (2° direction, bureau de la cavalerie), sous le même pli que le procès-verbal de la séance.

Art. 14. — Les compositions sont corrigées au ministère par des officiers nommés par le ministre.

Avant la remise des compositions aux correcteurs, la partie de chacune des feuilles sur laquelle se trouvent le nom et la signature du candidat est détachée dans les bureaux du ministère. Les noms sont remplacés par des numéros d'ordre.

Les parties enlevées restent sous scellés.

Art. 15. — Toute cote pour la dictée inférieure à 14 détermine à elle seule l'exclusion, qui atteint également tout candidat convaincu de fraude.

Le nombre de points attribué à chaque composition est déterminé par le produit de la multiplication de la cote de cette composition par le coefficient correspondant à la nature de l'épreuve.

Art. 16. — Dès que les corrections sont terminées, les compositions, accompagnées d'un tableau d'ensemble indiquant les cotes attribuées à chacune d'elles, le produit de ces cotes par les coefficients et la somme de ces produits, sont retournés par les correcteurs au ministre, qui fait établir la liste des candidats par ordre de mérite et fixe le nombre des admissibles aux épreuves orales.

Les noms de ces derniers sont publiés dans le *Journal officiel* et adressés aux généraux gouverneurs militaires et commandants de corps d'armée.

La liste en est établie par ordre alphabétique pour chaque corps d'armée.

EXAMENS ORAUX

Art. 17. — Une commission unique est chargée de faire passer les examens oraux.

Cette commission se compose de trois membres nommés par le ministre de la Guerre, savoir :

1 colonel ou lieutenant-colonel de cavalerie, président ;
2 chefs d'escadrons de cavalerie, membres.

Art. 18. — Les examens portent sur les matières ci-après :

1º Géométrie ;

2º Topographie ;

3º Histoire de France ;

4º Géographie.

Toutes les questions sont tirées au sort et extraites du questionnaire annexé à la circulaire du 17 janvier 1883.

Art. 19. — La commission siège successivement à Paris, Châlons, Lyon, Montauban et Nantes. Chaque année, le sort détermine le point initial des opérations de la commission.

Sont convoqués à Paris les candidats stationnés dans le gouvernement militaire de Paris et sur le territoire des 1er, 2e, 3e, 4e et 5e corps d'armée.

Sont convoqués à Châlons les candidats stationnés sur le territoire du 6e corps d'armée ;

Sont convoqués à Lyon les candidats stationnés dans le gouvernement militaire de Lyon et sur le territoire des 7e, 8e, 13e, 14e et 15e corps d'armée ;

Sont convoqués à Montauban les candidats stationnés sur le territoire des 12ᵉ, 16ᵉ, 17ᵉ et 18ᵉ corps d'armée.

Sont convoqués à Nantes, les candidats stationnés sur le territoire des 9ᵉ, 10ᵉ et 11ᵉ corps d'armée.

Le ministre fixe l'époque à laquelle les examens doivent commencer. Le président de la commission fait ensuite connaître, par le télégraphe, aux commandants de corps d'armée intéressés, la date à laquelle elle arrivera dans les diverses villes centre d'examen.

Pendant la durée des épreuves, les candidats sont placés en subsistance dans un des corps de la garnison désigné par le général commandant la région.

Art. 20 — Dans chaque centre, le tour d'examen des sous-officiers admis aux épreuves orales est déterminé par le sort.

A la suite du tirage auquel ils sont appelés à prendre part dans l'ordre alphabétique, la liste indiquant le rang, sans distinction de corps d'armée, dans lequel les candidats seront interrogés, est affichée dans la salle des séances le jour même de l'ouverture des examens.

Le président tire pour les sous-officiers qui n'assistent pas au tirage.

La commission exclut à la majorité des voix tous ceux qui ne se présentent pas à leur tour d'examen, sauf motifs valables qu'elle apprécie sans appel.

Lorsqu'un candidat, faisant valoir une excuse légitime, demande à subir les épreuves orales dans un centre autre que celui dans lequel il aurait été ou dû être convoqué, il en est rendu compte d'urgence au ministre, qui assigne, s'il y a lieu, à ce candidat un autre centre d'examen.

Art. 21. — L'entrée des salles d'examen, interdite au public, est facultative pour les candidats.

L'autorité militaire locale prend les dispositions nécessaires pour assurer l'exécution de cette prescription.

Art. 22. — Sur la demande du président de la commission, les commandants d'armes désignent, dans chacune des villes où elle siège, le local à affecter aux examens.

CLOTURE DES OPÉRATIONS

Art. 23. — Immédiatement après la clôture des opérations dans chaque centre d'examen, le président de la commission en fait connaitre les résultats au ministre.

COEFFICIENTS

Art. 24. — Les coefficients sont fixés ainsi qu'il suit :

COMPOSITIONS

Composition française. } Dictée........ 8 }
Narration..... 8 } 30
Arithmétique............................ 8 }
Géométrie..,................................ 6 }

EXAMENS ORAUX

Géométrie............................ 5 }
Topographie............................ 5 } 30
Histoire............................ 10 }
Géographie............................ 10 }
Instruction militaire équestre............ 30
Conduite, capacité, aptitude au commande-
ment... 30

120

DISPOSITIONS SPÉCIALES A L'ALGÉRIE, A LA TUNISIE ET AU SÉNÉGAL

Art. 25. — Les candidats appartenant à des corps ou fractions de corps employés en Algérie sont soumis à des épreuves écrites et à des examens oraux, dans les mêmes conditions que les candidats des dix-huit corps d'armée de l'intérieur, sauf les modifications indiquées ci-après :

Les épreuves écrites ont lieu dans les localités déterminées par le général commandant le 19° corps d'armée, d'après l'emplacement des troupes et la nature des communications. Dès que cette désignation est faite, cet officier général en rend compte au ministre, afin que les sujets de composition et les imprimés nécessaires, dont il fait connaître le nombre, puissent lui parvenir en temps utile.

Les compositions sont adressées au ministre de la Guerre dans les conditions déterminées à l'art. 13 du présent arrêté, et leur correction a lieu conformément aux prescriptions des art. 14 et 15.

Il est établi une liste de classement particulier à l'Algérie, sur laquelle le ministre détermine le nombre des sous-officiers à admettre aux épreuves orales.

Les examens oraux sont passés devant une commission spéciale à l'Algérie qui, nommée par le ministre de la Guerre, a la même composition que celle de l'intérieur et qui siège successivement dans une ville désignée à cet effet par le général commandant le 19ᵉ corps d'armée dans chacune des trois divisions territoriales de l'Algérie.

Immédiatement après la clôture des opérations dans ces trois centres, le président de la commission en fait connaître les résultats au ministre.

Art. 26. — Les sous-officiers appartenant à des corps ou fractions de corps employés en Tunisie et les sous-officiers de l'escadron de spahis détaché au Sénégal ne sont astreints qu'à des épreuves écrites.

M. le général commandant le corps d'occupation de Tunisie et M. le gouverneur du Sénégal fixent les localités dans lesquelles ont lieu ces épreuves. Ils reçoivent en temps opportun, sur leur demande, les sujets de composition et les imprimés nécessaires.

Les compositions sont adressées au ministre de la Guerre et corrigées comme il vient d'être dit ci-dessus. Elles servent à établir le classement des candidats ainsi qu'il est expliqué à l'article suivant.

CLASSEMENT DES CANDIDATS

Art. 27. — Les sous-officiers proposés au titre des corps d'armée de l'intérieur, au titre de l'Algérie, et à celui de la Tunisie et du Sénégal, forment trois groupes distincts qui concourent séparément entre eux pour l'admission à l'École d'application de cavalerie.

Le ministre de la Guerre fixe, chaque année, le nombre des sous-officiers à admettre définitivement à l'Ecole d'après l'ordre de classement.

1º Pour l'intérieur;

2º Pour l'Algérie;

3º Pour la Tunisie et le Sénégal.

Dans les deux premiers groupes, le classement par ordre de mérite est déterminé par le nombre total des points obtenus : pour les compositions écrites, — pour les examens oraux, — pour l'instruction militaire et équestre, — pour la conduite, la capacité et l'aptitude au commandement.

Dans le troisième groupe, le classement est déterminé par le total des points obtenus : pour les compositions écrites, — pour l'instruction militaire et équestre, — pour la conduite, la capacité et l'aptitude au commandement.

Art. 28. — Les sous-officiers qui, par suite d'événements de guerre, n'ont pu subir ni les épreuves écrites ni les épreuves orales, sont l'objet d'une décision ministérielle spéciale prise sur le vu du mémoire de proposition dont ils ont été l'objet.

Art. 29. — Les différents classements sont établis de manière que les sous-officiers admis puissent être rendus à l'école de cavalerie le 1ᵉʳ octobre.

Dès que cette opération est terminée, la liste définitive d'admission est publiée dans le *Journal officiel* et adressée aux généraux gouverneurs militaires et commandants de corps d'armée, ainsi qu'à M. le ministre de la Marine et des Colonies.

Les trois groupes figurent séparément sur cette liste, et dans chacun d'eux les candidats sont placés par ordre de mérite.

Le Ministre de la Guerre,

THIBAUDIN.

LA FRANCE MILITAIRE

JOURNAL DE L'ARMÉE ACTIVE
DE L'ARMÉE TERRITORIALE ET DE L'ARMÉE DE MER

Paraissant le Jeudi et le Dimanche

RÉDACTION ET ADMINISTRATION :

PARIS, place Saint-André-des-Arts, 11.

Propriétaire-Gérant : Henri CHARLES-LAVAUZELLE.

Les abonnements partent du 1er jour de chaque mois et coûtent:

	3 mois.	6 mois.	1 an.
France, Corse, Algérie....	3 »	5 50	10 »
Etranger..................	4 »	7 »	13 »

Le N° 10 c., en vente dans les gares des villes de garnison.

On s'abonne sans frais à tous les bureaux de poste.

La Rédaction de la *France Militaire*, composée d'écrivains spécialistes, servant ou ayant servi dans toutes les armes, est à même de traiter *ex professo* toutes les questions militaires.

Grâce aux intelligences qu'elle s'est ménagée dans le Parlement et dans le Sénat, elle reçoit tous les renseignements relatifs à la marche des travaux des Commissions et même des Comités techniques.

Elle ne manque donc pas d'éléments d'informations pour remplir sa tâche à la satisfaction générale.

En outre, elle publie à sa partie officielle, bien avant le *Journal Militaire*, non-seulement les nominations et promotions, mais encore toutes les circulaires, décrets et lettres ministérielles dont la connaissance est toujours utile et souvent indispensable à MM. les Officiers.

Il est répondu, à l'article Petite Correspondance, à toute demande de renseignements *signée et accompagnée d'une bande du Journal*.

Les manuscrits communiqués ne sont pas rendus. *Ils sont détruits.*

Les réclames et annonces sont reçues, 11, place Saint-André-des-Arts, Paris.

Les avis des conseils d'administration, permutations. offres et demandes coûtent **2** fr. l'insertion.

LIBRAIRIE MILITAIRE

Henri CHARLES-LAVAUZELLE

PARIS ET LIMOGES

Décret du 31 mai 1882, portant règlement sur les exercices de la cavalerie, revisant et complétant le décret du 17 juillet 1876. — 2 volumes in-32 avec figures :
Tome 1er. — Rapports. Titres I et II. 368 pages; cartonné 1 50
Tome II. — Titres III et IV. 290 pages; cartonné 1 50

Instruction pratique sur le service de la cavalerie en campagne, approuvée par le Ministre le 10 juillet 1884. — In-32 cartonné de 296 pages, (4° édition, avril 1884).......................... 1 »

Instruction sur les manœuvres de brigade, avec cadres, cavalerie (24 juin 1877). — In-32 broché.. » 25

Instruction sur le service de la cavalerie éclairant une armée, approuvée le 27 juin 1876. » 20

Décret du 28 décembre 1883, portant règlement sur le service intérieur des troupes de cavalerie (5e édition), In-32 cartonné de 400 pages 1 50

Règlement sur l'instruction du tir des troupes de cavalerie, approuvé par le Ministre le 17 août 1884, in-32 cartonné de 246 pages; 6e édition (avril 1884)................................ 1 »

Fortification passagère (Notions élémentaires de) à l'usage des volontaire d'un an, cavalerie .... » 20

Arrêté ministériel du 6 avril 1883, portant instruction pour l'admission des sous-officiers à l'École d'application de cavalerie. — 16 pages...... » 20

Décision ministérielle du 18 décembre 1883, portant description d'une nouvelle tenue des officiers et adjudants de cavalerie. — Brochure in-32 de 20 pages ...., » 20

Cavalerie èt ses chevaux (La), par G... — Brochure in-18 jésus .... 1 »

Entraînement (L'), Étude sur la cavalerie, par G... Extrait de la *France Militaire.*— Brochure in-18.. » 50

Le dressage des chèvaux, par G... — Brochure in-18 jésus, 2e édition....................... » 50

LEIRIS (V. de), lieutenant au 6° chasseurs. — Patrouilles et reconnaissances, à l'usage des sous-officiers et brigadiers. — Brochure in-8° avec tableaux .... » 50

DE SAINTCTHORENT (Commandant), ancien député de la Creuse. — Études sur les chevaux du Limousin, de l'Auvergne et de la Marche. — Volume in-8° de 400 pages, avec dessins de MELLE-BLONDEAU .... 4 »

L'armée française en 1884 et le général de Galiffet, par un officier hollandais, brochure in-8° .... 1 »

UBIEZ. La cavalerie française en 1884. Riche volume in-18 de 228 pages, édition de luxe (épuisé).

Livret de l'officier de peloton de 150 feuil. 2 75
.   — sous-officier de peloton, 150 feuil. 2 75
Feuillets mobiles séparés (les indiquer); le cent.. 1 25
Couverture .... » 50
Barrette en cuivre............................ » 75

(Le nombre des feuillets peut être augmenté ou diminué.)

LES MEILLEURES PLUMES
SONT EN VENTE
À LA LIBRAIRIE MILITAIRE
HENRI CHARLES-LAVAUZELLE
Paris et Limoges.

PLUMES GÉNÉRAL BOULANGER

Pointe extra-fine, la boîte.................... 2 »
—   fine................................ 2 »
—   moyenne............................ 2 »

PLUMES GÉNÉRAL DE GALLIFFET

Métal gris anglais, la boîte .... 2 »

PLUMES GÉNÉRAL LAMBERT

Pointe extra-fine, la boîte .... 2 »
—   fine................................ 2 »
—   moyenne............................ 2 »

*Chaque boîte porte la photographie du général
qui lui a donné son nom.*

PLUMES DU SERGENT BLANDAN

La boîte................................ 1 60

PLUMES HENRI CHARLES-LAVAUZELLE

La boîte................................ 1 50